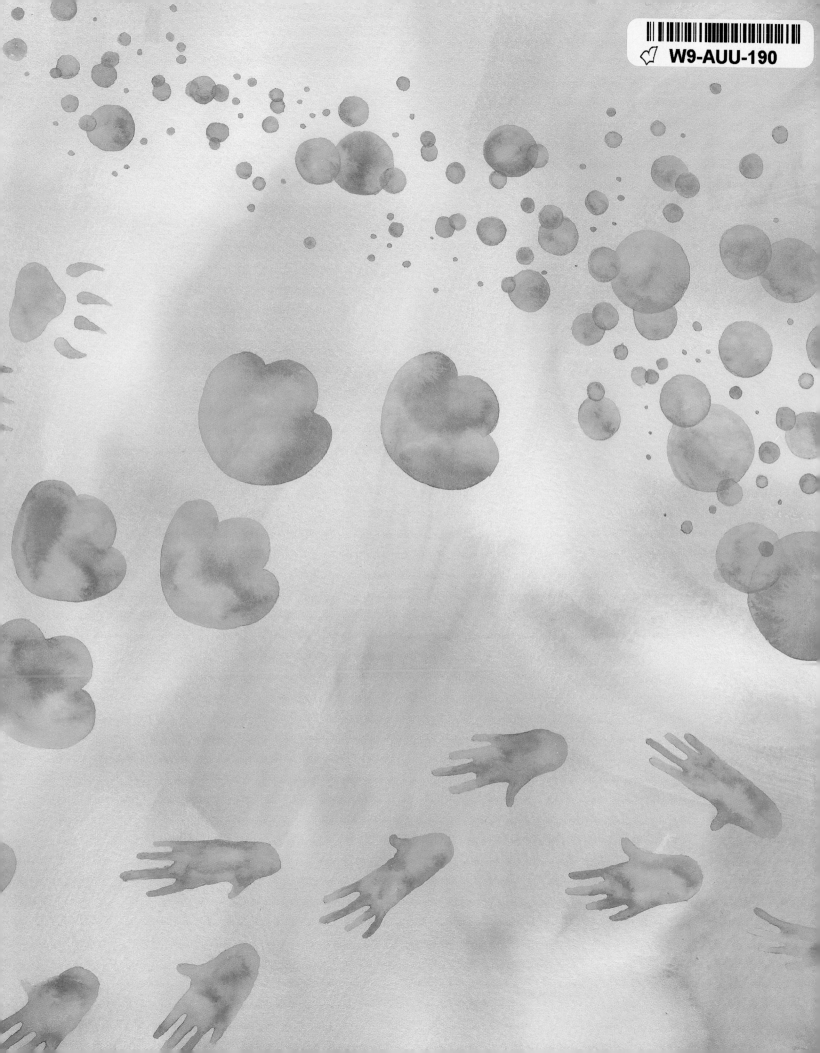

NO
dejes que
DESAPAREZCAN

12 animales en peligro de extinción alrededor del mundo

Escrito por
Chelsea Clinton

Ilustraciones de
Gianna Marino

Traducción de
Teresa Mlawer

PHILOMEL BOOKS

A Charlotte, a Aidan y a todos
los niños que merecen vivir
en un mundo donde los animales
no corran peligro de desaparecer

—C.C.

En memoria de mi
querido padre, que me
enseñó a amar a todos
los animales

—G.M.

PHILOMEL BOOKS
An imprint of Penguin Random House LLC
New York

Text copyright © 2019 by Chelsea Clinton. Illustrations copyright © 2019 by Gianna Marino.
Translation copyright © 2019 by Penguin Random House LLC.
First Spanish language edition, 2019.

Philomel Books is a registered trademark of Penguin Random House LLC.

Visit us online at penguinrandomhouse.com

Library of Congress Cataloging-in-Publication Data is available upon request.
Printed in the United States of America
ISBN 9780593113295
1 3 5 7 9 10 8 6 4 2

Edited by Jill Santopolo. • Design by Ellice M. Lee.
Text set in ITC Caslon. • The art was done in gouache on Fabriano watercolor paper.

Hay animales en todos los continentes y en todos los océanos de la tierra. Algunos son altos, otros son bajos. Algunos son enormes y otros son pequeños. Los hay con cuellos largos y con patas largas; algunos son fuertes y otros no tanto. Cada especie animal es única e importante para el equilibrio de la vida en la tierra. Algunos se encuentran a punto de desaparecer y en grave peligro de extinción, a menos que actuemos enseguida para salvarlos.

INFORMACIÓN CLAVE

Algunos animales están más amenazados a desaparecer que otros. Los ecologistas que estudian a los animales en peligro de extinción clasifican su grado de riesgo utilizando una escala que va desde sin peligro de amenaza a extinto.

Su existencia no está amenazada: en este grupo se encuentra la mayoría de los animales, aunque cada año se suman más especies a las categorías que se detallan a continuación.

Especies casi amenazadas: grupo de animales que está cerca de tener menos de 10,000 ejemplares.

Vulnerables al peligro de extinción: menos de 10,000 ejemplares. Si no hacemos algo para protegerlos, puede que desaparezcan en los próximos cien años.

En peligro de extinción: quedan menos de 2,500. A no ser que se haga algo, están llamados a desaparecer en los próximos veinte años.

Peligro de extinción crítico: quedan menos de 250. Si no se hace algo, pueden desaparecer de su hábitat natural en los próximos diez años.

Extinto en su hábitat natural: viven solo en cautiverio.

Extinto: no quedan miembros de esas especies en la tierra.

Mucho antes de la salida del sol, las **JIRAFAS** se despiertan y dan comienzo a su día deambulando por la sabana en busca de comida y tratando de protegerse de sus depredadores. Manadas de jirafas caminan nueve o más millas todos los días para encontrar el alimento que necesitan. A pesar de que son los animales más altos de la tierra, con el cuello más largo, utilizan la lengua, de casi dos pies de largo, para alcanzar las hojas en lo alto de los árboles, su comida principal. Todas las jirafas tienen diferentes manchas en la piel, que les sirven para camuflarse frente a sus depredadores. Pero no solo se valen de las manchas de la piel para su protección: ¡una jirafa puede matar a un león de una patada!

¡No dejes que desaparezcan!

Hábitat: África central, oriental y meridional.

Grado de peligro: vulnerable.

Causas: destrucción de su hábitat, caza furtiva, guerras, disturbios civiles y cambios climáticos.

Hábitat: África central y África subsahariana.

Grado de peligro: crítico.

Causas: destrucción de su hábitat, caza furtiva, guerras y disturbios civiles.

Los **GORILAS** se despiertan con la salida del sol
y abandonan su lecho en busca de alimento. Cuando el fuerte
calor del día se intensifica, regresan para descansar. Aunque
se alimentan principalmente de plantas, a veces comen pequeños
insectos. ¡Conseguir la cantidad de comida que los gorilas adultos
necesitan consumir en un día no es un trabajo fácil! Las mamás
gorila cargan a sus bebés en la espalda o en el pecho. Los gorilas
se comunican entre sí por medio de sonidos y gestos similares a
los que hacemos los humanos. Algunos gorilas en cautiverio han
aprendido a comunicarse por señas. El lenguaje no es lo único que
los humanos y los gorilas tienen en común: los gorilas también
pueden contraer enfermedades humanas como un resfriado,
lo cual puede ser mortal.

¡No dejes que desaparezcan!

LAS BALLENAS AZULES son los animales más grandes de nuestro planeta. Al igual que nosotros, las ballenas son mamíferos, pero se diferencian de nosotros en que tienen que concentrar toda su atención en respirar y, por lo tanto, nunca pueden dormir profundamente. Toman el oxígeno del agua y del aire, y cuando exhalan el aire echan un chorro de vapor que puede alcanzar treinta pies de altura, lo cual las hace visibles, incluso a los balleneros que casi provocan su total extinción cincuenta años atrás. Por lo general, no nadan en grupos, sino que prefieren hacerlo en solitario o en pareja. Sin embargo, eso no significa que no se mantengan en comunicación. Las ballenas azules se comunican entre sí a una distancia de hasta mil millas, en una frecuencia muy baja que los humanos no pueden oír y en un lenguaje que los científicos hasta ahora no han logrado descifrar. Sin embargo, los investigadores pueden percibir los latidos de su corazón a una distancia de hasta veinte millas.

¡No dejes que desaparezcan!

Hábitat: todos los océanos, excepto el Ártico.

Grado de peligro: en peligro de extinción.

Causas: tradicionalmente, la caza furtiva, pero ahora que está prohibida, el número de ballenas azules ha ido en aumento.

Para cuando sale el sol,
los **RINOCERONTES** ya llevan
tiempo pastando. Duermen durante las horas
más calurosas del día, y el resto del tiempo lo dedican
a comer o a revolcarse en el fango para refrescarse. El fango
también protege su piel del sol y de las picaduras de los insectos.
Aunque los rinocerontes pasan poco tiempo en grupo, se les suele
ver en compañía de picabueyes, pájaros que se posan en el cuerpo
de los rinocerontes y comen los insectos y parásitos que se alojan en su piel.
Los picabueyes también avisan a los rinocerontes si acecha algún peligro;
esto es importante, ya que los rinocerontes no tienen buen sentido de la
vista, aunque sí tienen un agudo sentido del olfato y del oído. La piel de los
rinocerontes es muy gruesa, y sus cuernos están compuestos de una sustancia
llamada *queratina*, que está también presente en nuestras uñas y pelo.

¡No dejes que desaparezcan!

Hábitat: África oriental y meridional, noreste de la India, sureste de Nepal, Indonesia y Malasia.

Grado de peligro:

Crítico: rinoceronte negro, rinoceronte de Sumatra, rinoceronte de Java y rinoceronte blanco del norte.

Especies casi amenazadas: rinoceronte blanco del sur.

Vulnerable: rinoceronte de la India.

Causas: caza furtiva y pérdida de su hábitat natural.

Hábitat: China central.

Grado de peligro: vulnerable.

Causa: destrucción de su hábitat natural.

Aunque los **PANDAS GIGANTES** pasan mucho tiempo solos, puede que en las tardes encuentres a un grupo de pandas gigantes comiendo gran cantidad de bambú. Necesitan comer mucho bambú —¡más de veinticinco libras al día!—, ya que no es un alimento muy nutritivo. Al contrario de otros osos, los pandas no hibernan ni rugen, pero sí emiten chillidos y gruñidos, y usan olores para comunicarse entre ellos. Cuando nacen, tienen una coloración rosada; más adelante, su singular pelaje blanco y negro les sirve de camuflaje, permitiéndoles ocultarse entre las plantas y sombras de los bosques de bambú. Sin embargo, como no cuentan con muchos depredadores, raramente tienen que esconderse.

¡No dejes que desaparezcan!

Los **TIBURONES BALLENA** son los peces más grandes del mundo, y quizá uno de los pocos animales que nunca duerme, no importa qué hora del día o de la noche sea. Desde el momento en que nacen, los tiburones ballena no dejan de nadar. Los tiburones existen desde hace cientos de millones de años, incluso desde antes que los dinosaurios deambularan por la tierra. No tienen ni un solo hueso en su cuerpo; el esqueleto de los tiburones ballena está compuesto de cartílagos, el mismo tejido que se encuentra en nuestras orejas y nariz. Gracias a su excelente olfato, son capaces de oler una gota de sangre en aguas cercanas, el cual también utilizan para localizar su principal alimento: el plancton.

¡No dejes que desaparezcan!

Hábitat: cerca del ecuador, en todos los océanos
del mundo.
Grado de peligro: en peligro de extinción.
Causas: caza, colisiones con embarcaciones y
cuando se quedan atrapados accidentalmente
en redes de pesca.

En el Ártico, durante la mayor parte del año, el día y la noche no tienen el mismo significado que en otros lugares de la tierra. Durante el verano, la luz solar está presente casi durante las veinticuatro horas del día; en invierno, no sale el sol y los días son oscuros. Los **OSOS POLARES** duermen cuando las focas, su principal alimento, duermen. Cazan focas mayormente bajo el agua. Los osos polares tienen dos capas de pelaje que los ayudan a resistir las gélidas temperaturas fuera y bajo el agua. Aunque su pelo se ve de color blanco, en realidad su piel es negra. Poseen un buen sentido de la vista que los ayuda a diferenciar los diferentes tonos blancos en el hielo. También pueden oler a una foca a una distancia de hasta veinte millas.

¡No dejes que desaparezcan!

Hábitat: el Ártico de Estados Unidos (Alaska), Canadá, Dinamarca, Groenlandia, Noruega y Rusia.

Grado de peligro: vulnerable.

Causas: cambio climático, pérdida de su hábitat natural y menos presas con que alimentarse.

Hábitat: África subsahariana, India.

Grado de peligro:

En peligro de extinción: leones asiáticos.

Vulnerable: leones africanos.

Causas: encuentros con humanos, menos presas con que alimentarse, caza furtiva y pérdida de su hábitat natural.

Cuando el sol empieza a ponerse, las **LEONAS** salen a cazar antílopes, búfalos, ñus, cebras y jirafas para alimentar a la manada. Pero no cazan todo el día; las leonas suelen dormir más de quince horas diarias. Los **LEONES** duermen más todavía, hasta veinte horas al día, ya que raramente cazan. Tanto los leones como las leonas luchan para proteger a sus crías. La melena del león le sirve de protección, además de indicar su edad: cuanto más oscura, más viejo es el león. Los leones y las leonas se comunican entre sí de muchas maneras, entre las que se incluyen sus rugidos. El rugido de un león se puede oír a cinco millas de distancia, lo que ayuda a los miembros de la manada que se han separado a encontrar el camino de regreso, aunque también alerta a los cazadores. A pesar de que se le conoce como el «rey de la selva», el león no está fuera de peligro.

¡No dejes que desaparezcan!

Un grupo de juguetonas **NUTRIAS MARINAS** se acomodan para dormir flotando sobre sus espaldas, y se envuelven en algas marinas para calentarse y evitar que la corriente se las lleve a la deriva. Si no hay algas a su alrededor, y a veces, incluso, si las hay, las nutrias se agrupan para lograr una balsa de estabilidad y seguridad. Las nutrias marinas se valen de piedras para abrir las conchas de los moluscos y crustáceos que les sirven de alimento. Si encuentran una buena piedra, viajan con ella y la utilizan una y otra vez. Después de cada comida, se asean las patas y la piel, tarea nada fácil teniendo en cuenta ¡que tienen más pelos en una pequeña parte de su piel que nosotros en la cabeza!

¡No dejes que desaparezcan!

Hábitat: a lo largo de la costa norte del océano Pacífico
(desde Japón y Rusia hasta Estados Unidos y Canadá,
y posiblemente más al sur, hasta México).

Grado de peligro: en peligro de extinción.

Causas: contaminación, menos presas con que alimentarse,
pérdida de su hábitat natural y caza furtiva.

Hábitat: Sumatra
(Indonesia) y Borneo
(Indonesia y Malasia).
Grado de peligro: crítico.
Causas: pérdida de su hábitat natural
y caza furtiva (los orangutanes
de Borneo solamente).

Cuando el sol se pone, los **ORANGUTANES** construyen nidos en lo alto de los árboles, con ramas frondosas, y los cubren con un techo de hojas grandes. Al igual que nosotros, a los orangutanes les gusta dormir en lugares protegidos. A diferencia nuestra, sus brazos son más largos que el resto de su cuerpo, lo que les facilita saltar de rama en rama y de árbol en árbol. Los orangutanes pasan más tiempo solos que en grupos, y dedican una gran parte del tiempo a trepar, estar sentados o balancearse en lo alto de los árboles. Cuando un grupo de orangutanes se junta, se comunican por medio de sonidos, expresiones faciales y gestos, al igual que nosotros. Su semejanza con los humanos se refleja en su nombre: orangután que significa «persona del bosque» en la lengua de Malasia, de donde son originarios.

¡No dejes que desaparezcan!

Cuando cae la noche, los **TIGRES** se despiertan para salir
a cazar. Su visión nocturna es seis veces más aguda que la nuestra.
Son los felinos más grandes de la tierra, por lo que necesitan
mucha carne para mantenerse fuertes y saludables. Generalmente
cazan venados, jabalíes, antílopes y búfalos de agua. Los tigres,
como buenos atletas, son capaces de saltar una distancia de más
de quince pies, y correr a más de cuarenta millas por hora en
distancias cortas. A diferencia de otros felinos, les encanta el agua,
y pueden nadar más de tres millas sin parar. Por lo general, son
animales solitarios, aunque las mamás tigre y sus crías forman una
camada, cada uno de sus miembros con patrones de rayas de color
marrón, negro o gris únicos y diferentes.

¡No dejes que desaparezcan!

Hábitat: sur y sureste de Asia, China y Rusia.

Grado de peligro: en peligro de extinción.

Causas: caza furtiva y pérdida de su hábitat natural.

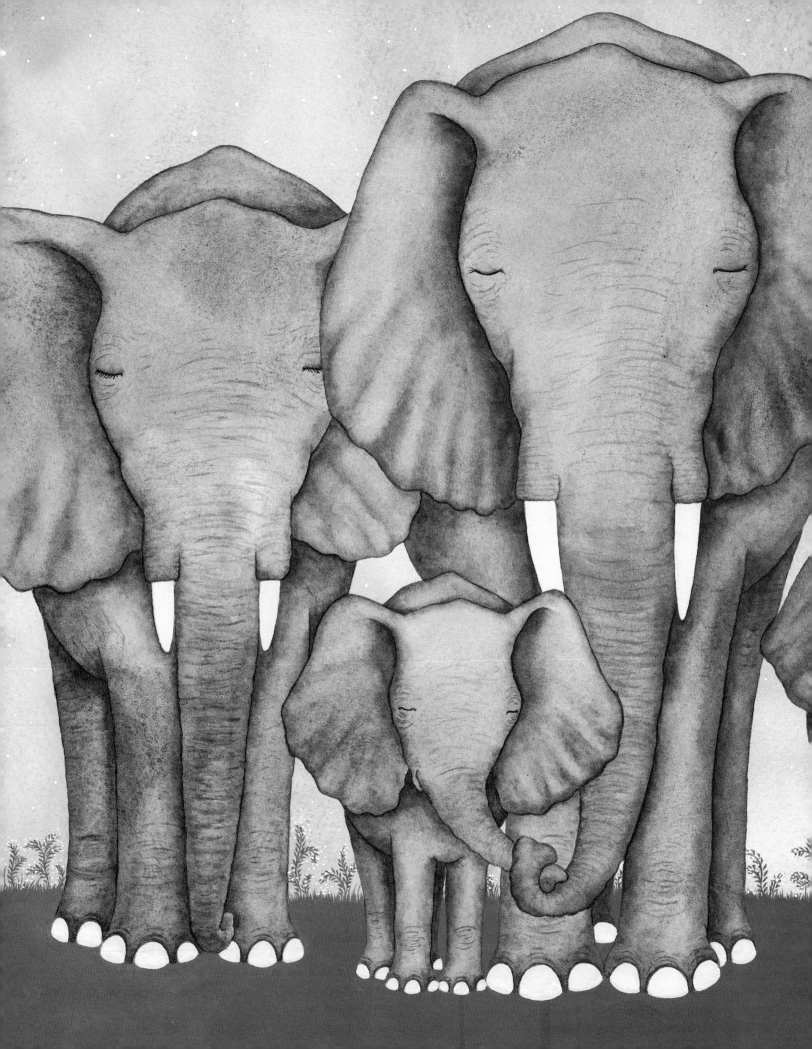

Entrada ya la noche, una manada de **ELEFANTES** duerme profundamente, disfrutando de su segundo sueño del día; el primero tiene lugar cuando el sol está alto en el cielo y calienta. Son los animales terrestres más grandes; sus trompas pueden llegar a pesar hasta cuatrocientas libras y medir más de seis pies de largo. Se valen de sus trompas para explorar el tamaño, la forma y la temperatura de las cosas, y también la usan como tubo de buceo cuando nadan. Todos los elefantes tienen trompas, pero no todos tienen colmillos, unos dientes muy largos que los ayudan a localizar comida y agua. Al igual que nosotros, los elefantes expresan emociones y son capaces de experimentar sentimientos como amor, compasión y dolor; incluso lloran la pérdida de seres queridos durante años.

¡No dejes que desaparezcan!

Hábitat: África subsahariana, sur y sureste de Asia.
Grado de peligro:
En peligro de extinción: elefante de Asia.
Vulnerable: elefante de África.
Causas: caza furtiva y pérdida de su hábitat natural.

Hagamos una promesa como
cohabitantes del planeta Tierra:
no permitiremos que ninguna
de estas especies desaparezca.

¿POR QUÉ ESTÁN EN PELIGRO DE EXTINCIÓN?

Hay muchas razones por las que los animales de este libro están en peligro de extinción, varias de las cuales se indican en cada página. A continuación, ofrecemos información adicional sobre las principales causas:

- El calentamiento global hace que la temperatura de los océanos aumente y haya menos hielo en el mar, lo cual supone un verdadero peligro para los osos polares.
- La contaminación del agua dificulta que las nutrias marinas encuentren el alimento que necesitan para vivir.
- La pesca indiscriminada de kril es un problema para las ballenas azules, ya que este constituye su principal alimento.
- La caza furtiva, prohibida por ley, es un peligro para todos los animales, puesto que hay gente que piensa que los animales son más valiosos muertos que vivos. Entre ellos se encuentran los tigres (cuyos dientes, ojos y huesos se cree, equivocadamente, que tienen poderes mágicos), los elefantes (por sus colmillos, muy apreciados por el marfil), los rinocerontes (algunos creen erróneamente que sus cuernos tienen propiedades curativas) y los gorilas de montaña (por su carne).
- La caza legal es un problema para algunos animales como los tiburones ballena (principal ingrediente de la sopa de aleta de tiburón), las jirafas y los leones (que los matan porque algunas personas piensan que sus cabezas o colas son grandes trofeos).
- El desmonte de tierra para cultivo y desarrollo está reduciendo el hábitat natural de muchos animales, en el que se incluye el de los orangutanes (ya que talan los árboles, donde construyen sus moradas para cultivar el aceite de palma) y el de los pandas gigantes (dado que los bosques de bambú son arrasados para construir edificios, viviendas y carreteras).

Sin embargo, todo esto puede cambiar, y si trabajamos juntos para lograr estos cambios, llegará el día en que estos animales no estén más en peligro de extinción.

¿QUÉ PUEDES HACER TÚ?

Si tú y tu familia desean ayudar a animales como los que aparecen en este libro, he aquí algunas cosas que puedes hacer:

- Habla con tus amigos sobre los animales de este libro y por qué son especiales.
- Apoya a los zoológicos y visita a los animales que viven ahí.
- Dile a tu familia que no deben comprar joyas, trofeos o cualquier otra cosa hecha de animales en peligro de extinción.
- Recicla siempre que puedas para combatir el calentamiento global.
- Nunca eches basura al mar u otro lugar que no sea un contenedor de reciclaje o un basurero.
- Ayuda a plantar árboles en tu comunidad para combatir el calentamiento climático.
- Celebra el día de los animales:

27 de febrero: Día Internacional de los Osos Polares.

16 de marzo: Día de los Pandas.

18 de mayo: Día de las Especies en Peligro de Extinción.

30 de mayo: Día Mundial de las Nutrias.

21 de junio: Día Mundial de las Jirafas.

14 de julio: Día de Concienciación de los Tiburones.

29 de julio: Día Internacional de los Tigres.

10 de agosto: Día Mundial de los Leones.

12 de agosto: Día Mundial de los Elefantes.

19 de agosto: Día Mundial de los Orangutanes.

22 de septiembre: Día Mundial de los Rinocerontes.

24 de septiembre: Día Mundial de los Gorilas.

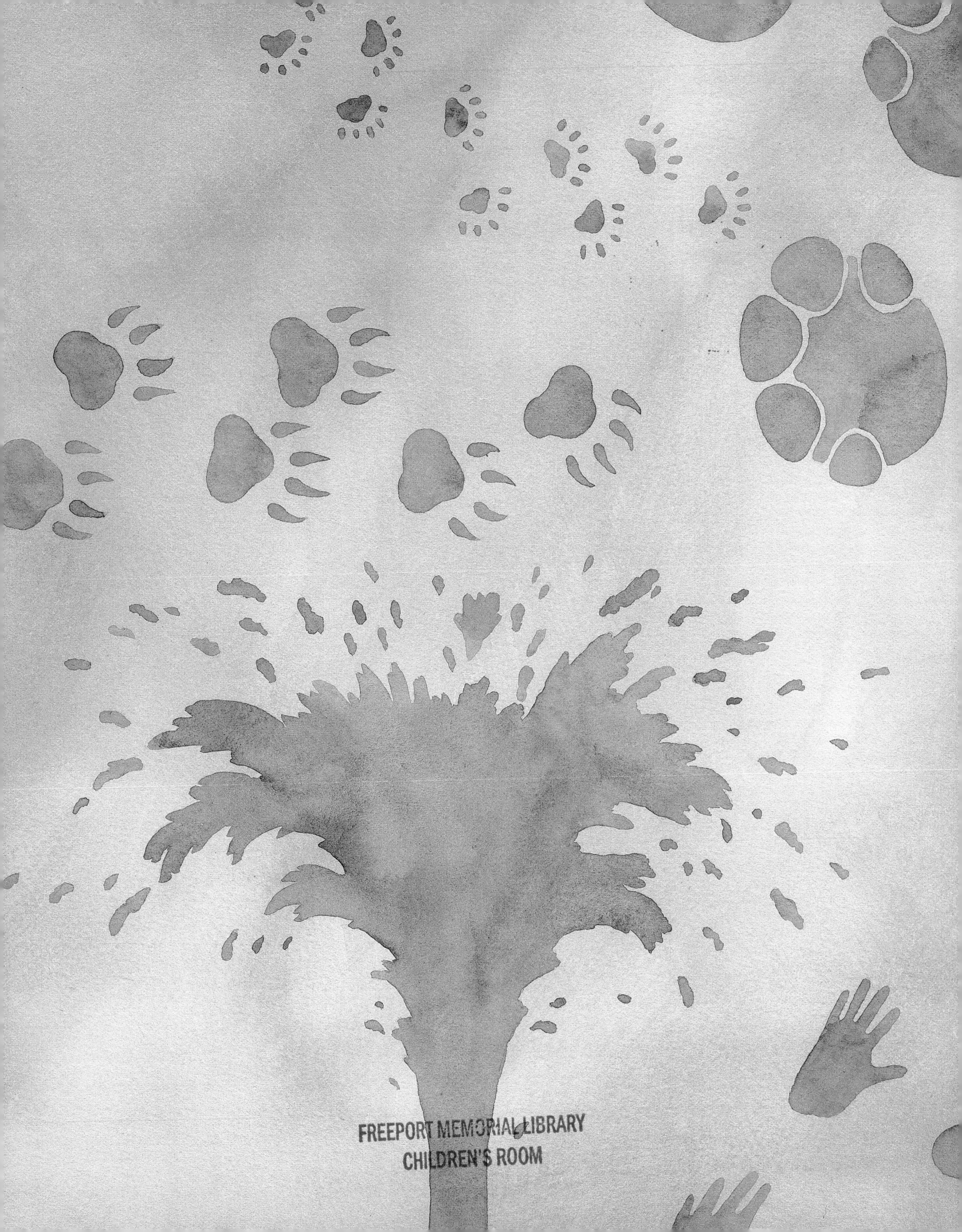